LA RESPUESTA

Juan Bautista Garijo Mota

La respuesta

Primera Edición 2024
© *Juan Bautista Garijo Mota 2024*

© *Editorial Poesía eres tú.*
https:// poesiaerestu.com
C/Dr. Fleming Nº50, 4ºD
28036 Madrid
Teléfono: 34 91 345 38 17
Fax: 34 91 350 80 54

ISBN: 978-84-18893-80-3
Depósito Legal: M-17865-2024

LA RESPUESTA

JUAN BAUTISTA GARIJO MOTA

"Creer que una Casualidad no es la señal que te advierte de lo que ocurrirá en tu vida, es igual que creer que un síntoma en el cuerpo, no es la clara señal que ya te advierte de la enfermedad que has incubado".
José Luis Parise

"y al contemplar de nuevo lo nunca visto que es lo de siempre"
Javier Krahe "Puzzle"

A JL por mostrarnos que podemos pensarnos como Luz.

1. LA ENFERMERA ATENÚA…

La enfermera atenúa las luces para lo cálido.
—Ahí está, ni va a reconocerte ni sabe quién eres —me dice—
.
Así que me siento a su lado,
le miro a los ojos,
le cojo su mano
y le susurro nuestra canción.
La canción que me cantaba para que yo no tuviera miedo
cuando era pequeño.
Llora. Me besa.
Me coge las manos.
Miro a la enfermera.
La enfermera se marcha.

2. EL DOLOR NO EXISTE

El dolor no existe para quien no lo invoca.
Tal vez se instale un rato, venga a visitarme
e incluso tenga intención de quedarse,
pero la intensidad y longitud
en la herida que se viene, es decisión mía.

Yo decido hasta dónde duele
porque desde donde hablo el dolor no entra
y el amor es demasiada violencia de aceptar
para quien solo habita un odio latente.

Así que lloro,
me vacío y me seco,
por lo que el dolor ya no tiene motivos
ni asidero al que aferrarse.

Duele porque esa es su misión,
viene con esa misión,
pero el terreno en el que se expande
siempre será decisión de quien se lo permite.

3. ME INVESTIGO PRECIOSAMENTE…

Me investigo preciosamente,
me tengo en alta estima, me considero.
Cuido la minucia de cuanto hago en lo que digo.
Atiendo a lo que me hablo,
vigilo la palabra que me orienta.
E incluso veo que al espejo le importo.
No hay disfraz ni máscara, ni cuerpo ni ego.
Solo quien soy. Absolutamente.

4. EL HORMIGUEO…

El hormigueo, otra vez ese hormigueo.
Qué sensación latente de haber levantado un proyecto nuevo
con tanto cuidado.
¡Cuánto silencio me circunda!,
cuánta paz sabiendo…
que lo aprendido aquí es lo que me llevaré al otro lado por ser
cuanto me implica a mí en todo lo hecho.
Y sin embargo, todo empieza de nuevo otra vez.
Todo de cero cada nuevo proyecto.
Me gusta eso.
Me obliga a reinventarme
cada vez
con mucho tacto,
mucho mimo
y profundo respeto
y atención a cuanto soy.
Todo reconocimiento es liberación.
Al fin y al cabo, así sea,
Pues lo logrado solamente es útil para quien lo recorre.

5. EL ÁMBAR SE HACE PRESENTE…

El ámbar se hace presente lamiendo de a poco
con su luz lo largo de la calle.
las puertas,
las farolas,
los coches,
las gentes,
todos los distritos de hormigón,
los ventanales con siluetas apagadas de interior.
Amplía los horizontes de su foco,
majestuosamente luminoso,
gobernando el día sin imposiciones, ni enemigos.
¿Quién dirige y ordena la vida
en todas sus oquedades?
¿Quién desoculta el cobijo
de la oscuridad?
No hay reducto que escape a su alcance.
Pero también el ámbar es quien decide
su descanso.
Amarillo en su ascenso,
anaranjado en su descenso,
se esconde por las esquinas del mundo, detrás del mar.
Se apaga y carga otro ciclo. Otra iluminación.
Buenos días de nuevo.

6. ESTA CASA HUELE A ANTIGUO...

Esta casa huele a antiguo,
a antepasado.
A lo que pudo ser y nunca fue,
por un latido de indiferencia.
Por las tuberías entra olvido a raudales
y desprende de la piel,
unas huellas de amor
que aún duran tatuadas del último recuerdo.
Veo llorar en las paredes una humedad dolorosa
que ni la luz sin presencia aprende a habitar.

Por las camas rueda la mugre de la habitación,
con palmos de mierda y hedores
que hacen temblar los huesos de muertos,
que habitan de algún siglo anterior.
Te toca un silencio escabroso,
silencio que llena una Nada sin ruido
y se siente el perfil de un vacío
que no pide volver jamás
porque sabe que volver de allí
es regresar de la muerte.

7. EL CIELO ESTÁ ENFERMO…

El cielo está enfermo y a nadie le importa.
El cielo está enfermo, sí.
Lleva así desde hace décadas.
Le han salido dos o tres constelaciones sospechosas en la piel,
y los aviones militares le arañan sin ninguna compasión en los
desfiles.
También le han salido unas pequeñas ronchas
que se movían de un lado a otro de su cuerpo.
Y nadie hace nada.
E incluso las chimeneas de todas las ciudades
cuando fuman,
le tosen el humo al cielo y resulta muy desagradable.
Pero la gente,
ensimismada y cabizbaja
le termina ignorando con desprecio desmedido.
Incluso he visto a tantos
hablar del tiempo con los camareros en los bares
por lo que dijo la tele al respecto,
mas ninguno se ha atrevido todavía a dialogar con el cielo
para preguntarle cómo se siente.
A menudo por las tardes
cuando me siento a escribir en un banco del parque
le dedico unos minutos de atención
y el cielo se enrojece y me dice.
"Gracias por venir"
mientras cruzan nubes formando una sonrisa.

8. RECUERDO A LOS DEMAS DECIR...

Recuerdo a los demás decir que yo estaba loco.
¡Es un montón de papel charol imbécil! —me decían.
Pero yo ya te tenía concebido y dibujado en mi cabeza
y decidí que ibas a nacer a ojos de todos.
Así que cogí unas tijeras,
seleccioné el mejor color para tu vida
y con mimo y cuidado recorté
e hice un círculo para hacerte la cabeza,
luego tus brazos,
tu torso,
tus piernecitas
y te hice una cama de papel plata en mi mesa.
Luego te dejé tumbado para que reposaras
de la dolorosa operación,
pues hay que dejar que los cortes supuren.

Al día siguiente,
cuando llegué por la mañana para cambiarte de sitio,
te cogí con cuidado con mis manos
y reaccionaste al calor dándome los buenos días.

Fue entonces cuando supe que estarías para siempre en mi
vida.

9. LA NOTICIA EN TV…

La noticia en TV dijo que el Congreso aprobó la eutanasia.
Y volvimos a discutir.
Tú a defenderla, yo a rechazarla.
Así que allí mismo cogí una maleta del armario,
un poco de ropa,
le hice una llamada a un amigo,
y me despedí amablemente de ti.
Porque decidí que tenía que marcharme de allí para siempre.

Si lo que se negocia es la vida, discúlpame, pero no te quiero
cerca.
No me importa en nombre de qué lo hagas,
sí el dolor, sí el amor, el sufrimiento, por mí, por ti, o lo que
sea.
El asunto es que lo haces. Terminar con la vida.
Y eso lo defiendes,
por lo que me demuestras que todo lo que puedas decir al
respecto de la vida
queda invalidado si todo lo que crees se está sustentando desde
esa decisión.
Y eso… lo siento yo no me lo permito en mi vida.
Así que deseo que te vaya muy bien —le dije—.
Y no volví jamás.

10. MI CUERPO ES UN TRAJE DE PIEL…

Mi cuerpo es un traje de piel
que tendré que devolver
cuando acabe mi vida.
Mi vida es un ordenador
que programó el otro con su ego
para que yo me desprenda del otro.
El mundo es un lunar del Universo
que Dios rasca y agita de vez en cuando
para que escueza.
Pero yo… sigo siendo el mismo
en otro cuerpo,
en otra vida,
en otro mundo,
en otro tiempo,
en otros planos.

Entonces… ¿qué vine a aprender que aún no he aprendido?
Entonces… ¿soy yo a quien me he de conquistar?
Entonces… ¿soy ese al que he venido a trascender?

11. ME DIJERON…

Me dijeron que ese curso era imposible hacerlo, y seis meses después me diplomé como técnico de sonido.
Me dijeron que este país estaba en crisis y no había dinero, así que me despidieron para siempre de la empresa que odiaba.
Me dijeron que en pandemia todo era imposible, y meses después publiqué mi primer libro de poemas.
Me dijeron que tenía que taparme la boca y ponerme mascarilla, y decidí hacerme cantante y compositor.
Me dijeron que tenía que aislarme de la gente por riesgo y contagio, así que monté una banda de rock.
Me dijeron que era imposible grabar un disco, así que escribí once canciones y me metí a grabarlas en un estudio.
Me dijeron que eso que yo pensaba era algo inviable de hacer, así que abrí un canal de YouTube para ello y lo hice.
Me dijeron que la magia era una farsa y no existe, mas yo entramé al mago que enseña a aplicarla.
Me dijeron que no se podía reír uno de determinadas cosas, así que me senté a escribir
un puñado de monólogos para reírme educadamente de todo.
Me repitieron que publicar otro libro era una locura y aquí estoy con este texto para mi segundo libro.
Me contaron que no había trabajo por la crisis, mas yo encontré un trabajo entre una Pandemia y una guerra.
Así que siento mucho decepcionar a los cobardes, a todos los que nunca se atrevieron,
no tenía ni idea de que los sueños propios eran imposibles de lograr.
¿Acaso tú te ves incapaz de lograr tus sueños?

12. CUANDO NACISTE QUERÍAS...

Cuando naciste querías volver al útero materno, pero naciste.
Cuando fuiste a la guardería querías volver a casa,
pero fuiste a la guardería.
Cuando fuiste al colegio querías volver a la guardería,
pero fuiste al colegio.
Cuando fuiste al instituto querías volver al colegio,
pero fuiste al instituto.
Cuando fuiste a la Universidad, querías volver al instituto,
pero fuiste a la Universidad.
Cuando empezaste a trabajar querías volver a la Universidad,
pero empezaste a trabajar.
Cuando te quedaste en paro querías volver al trabajo,
pero estabas en paro.
Cuando te casaste deseabas estar soltero, pero te casaste.
Cuando eras soltero deseabas tener tu pareja, pero eras soltero.
Ahora que tienes hijos desearías no tenerlos, pero tienes hijos.
Ahora que estás divorciado, te gustaría estar casado,
pero estás divorciado.
Cuando tienes obligaciones por cumplir desearías tener sueños
pero los sacrificaste, porque tenías obligaciones por cumplir.
Cuando tienes sueños por cumplir, nunca los llevaste a cabo
porque creíste que eran imposibles con la vida que llevas.
Entonces...
¿De qué está hecha la vida sino de cimientos construidos a
base de atravesar dramas?

13. RECUERDO SEGÚN ME DIJO TEO…

Recuerdo según me dijo Teo, que Susana bajó las persianas
atenuó las luces,
preparó la habitación
y puso el cartel de "No molestar" en la puerta.
Y ayudó a su hermana a ingerir
el vaso con pajita, y luego, minutos más tarde,
todo terminó.

Bueno… y el otro día cuando me la encontré en el autobús
que yo llevaba como dos años sin verla y hablamos,
le pregunté qué tal, y me dijo que…
quitando la ansiedad que tenía,
su alcoholismo, los antidepresivos que tomaba,
sus ataques de ira, sus pesadillas recurrentes,
el divorcio de Teo, que sus hijos no le hablaban desde
entonces,
su insomnio constante, sus intentos de suicidio,
el ERE que se hizo en su empresa, sus tics nerviosos,
su desesperación y alguna que otra minucia más que me contó,
dijo que por lo demás estaba muy bien
y la verdad es que muy contenta
de haber podido ayudar a morir a su hermana.

14. YA HAS BUSCADO RESPUESTAS…

Ya has buscado respuestas
en todos los lugares,
en todos los nombres,
en todas las vidas
y nada te satisfizo.

¿Y si tú eres la respuesta que necesitas
darle a la Vida para cambiar tu vida?

15. HAS VISTO…

Has visto divorciarse a tus padres y a los de toda tu generación.
Has visto morir a varios familiares.
Has vivido rupturas con tus amigos de siempre,
con parejas que jamás volvieron, peleas callejeras, suicidios de
algunos amigos y conocidos.
Sobreviviste a varias crisis económicas,
viste a dos ancianos dirigir EEUU.
Has tenido nueve trabajos a lo largo de tu vida.
—De momento—.
Has soportado un juicio laboral durante tres años.
Has visto a imbéciles dirigir tu país,
has sobrevivido con una discapacidad,
has estado detenido en comisaría.
Viste inundaciones en el Sur de España,
desplomarse las Torres Gemelas,
varias bombas en Atocha, a democracias convertirse en
dictaduras.
Conociste las consecuencias de la eutanasia en tu país,
sufriste una nevada que colapsó el país.
Viste a un volcán sepultar una isla.
Experimentar una pandemia que paralizó el mundo.
Un arresto domiciliario que duró tres meses.
Tienes la experiencia necesaria para afrontar lo que sea.
Tienes con tu vida, convalidado el Apocalipsis y todavía te
atreves a ser tan ingenuo de creer que alguien tiene que venir
de afuera a resolverte la vida. Sean tus padres, la política, la
economía, la religión, el Gobierno etc. etc.
Esperar y esperar a que todo vuelva a la Nueva Normalidad.
¿Nueva Normalidad?
Normalidad dice…

16. TU EGO ES ESE MALNACIDO...

Tu ego es ese malnacido que te usa
para crear diferencias entre tú y Tú,
para generarte un conflicto.
Por eso es siempre el que decide por ti sin que te des cuenta.
A que elijas entre blanco y negro,
azul o rojo,
cielo o Tierra,
hombre o mujer,
Dios o el Diablo,
Ying o Yang,
recuerdo u olvido,
mar o montaña,
autobús o metro,
sí o no.
Así nace en su origen toda la Naturaleza del conflicto
pero...
¿no eres acaso la suma de tu padre y tu madre
tu trabajo anterior y el siguiente
tu novia anterior y la siguiente
tu casa anterior y la siguiente?

¿Entonces quién eres tú,
Lo uno Y lo otro o...
Lo uno O lo otro?

17. LA POLÍTICA…

La política… esa estúpida mentirosa
que te obliga a decidir
entre la izquierda y la derecha
porque no entiende que para levantar
el mundo,
se necesitan dos manos.

18. LA VIDA NO TE PREGUNTA...

"La vida no te pregunta quién eres,
solo te interroga
si lo que haces te importa o no.
Pero para que te importe
primero te obliga a descubrir quién eres".
—Nos dijo aquel mago.

19. VEO A LA LLUVIA…

Veo a la lluvia expresarse tras la ventana.
Nadie la escucha hablar con la vida y dialogando.
Una gota de agua besa la hoja de un árbol,
el árbol anuda con sus ramas a la lluvia.
Los coches saludan a la lluvia con el limpiaparabrisas
y los semáforos le guiñan sus ojos de modo cómplice.
El suelo abre espacio en sus socavones para que la lluvia
descanse a modo de charco y le limpie sus heridas al suelo.
La tierra agradece su agua a modo de abrazo y las plantas
reverencian con un gesto, prometiendo florecer en primavera.
E incluso los perros moviendo su cola, le agradecen a la lluvia
tener lugares en los que beber agua.
Toda la Naturaleza en su apogeo,
toda la Naturaleza en armonía.

Solo el ser Humano la aborrece.
Niños que pisotean charcos con violencia,
adultos escondidos de la lluvia
entre el no salir y el rechazo con un paraguas
y a todos los que corren despavoridos
porque les han pillado la lluvia.

Por eso la Humanidad es un problema.
Por eso ese es el gran problema de la Humanidad.
No mojarse cuando hay que mojarse.

20. TRES SOMBREROS DE COPA...

Tres sombreros de copa con Miguel Mihura.
Eloísa y el almendro de la mano de Poncela.
Don Quijote de la mano, literalmente, de Cervantes.
El Aleph leído, por la imaginación de Borges.
Campos de Castilla con Antonio Machado.
Los Heraldos Negros con Cesar Vallejo.
Fuenteovejuna con ayuda de Lope.
La Odisea de la mano de Homero.
El Banquete al que fui invitado por Platón.
Perito en lunas con Miguel Hernández.
El árbol de la ciencia con Pío Baroja.
Los Episodios Nacionales por Galdós.
El psiquismo de la humanidad con Freud y Lacan.
La Biblia y los apócrifos de base.
El Bagavad Gita y el Mahabharata.
El vivekachudamani y el Popol Vuh.
La historia de Milarepa y la de Buda.
¿Y crees que esta celda, estas esposas y esta habitación van a
ahorrarle a mi imaginación su derecho a reinventarse?
¿Acaso crees que esta cárcel puede ahorrarme quien soy si
aprendí a liberarme de cualquier cárcel?

21. ¿Y QUÉ ES EL AMOR…?

¿Y qué es el amor sino una isla que se inventan los
enamorados
para fingir que eso les importa?
¿Y qué es el amor sino la ilusión de tantos,
que como tal no existe precisamente por ilusorio?
¿Y qué es el amor sino una tabla de salvación de muchos,
cuya misión es terminar yendo a la deriva?
¿No es acaso como dicen, todo amor ciego?
¿Cómo puede ver algo quien está predispuesto a la ceguera?
Y si el amor es aceptar las deficiencias y virtudes del otro,
por qué a los años te decepcionas de esas mismas deficiencias?
¿Qué es el amor, acaso un objeto de deseo?
Entonces… si el mundo se mueve por la fuerza del amor
¿por qué te extrañas de que el mundo esté hecho una mierda?

22. UN ARBOL NO TE PREGUNTA…

Un árbol no te pregunta si lo has talado, se limita a crecer de nuevo.
Una flor no te pregunta si la has cortado, se limita a florecer de nuevo.
Un perro no te pregunta si le han maltratado, se limita a quererte de nuevo.
Un volcán no te pregunta si a ti te afecta lo que hace, se limita a erupcionar de nuevo.
El mar no te pregunta si te has ahogado, te volverá a inundar de nuevo.
El dolor no te pregunta si te duele se limita a doler, porque esa es su función.
Solo el ser humano cuestiona lo estructural y por eso lo altera.
Porque no entiende que es imposible
cortarle las alas a quien nació para volar.

23. LA PIEL DEL CIELO…

La piel del cielo
y la musculatura del mar.
Los tentáculos del bosque
y la oscuridad de la muerte.
La respiración del planeta
y la luz de la vida.
La música del Universo
en el vacío de la existencia.
Los sonidos del mundo
diagramando vidas y el ser humano
ignorando todo eso que le pasa
a cada minuto de su Vida.

24. ANALIZO MI VIDA AMOROSAMENTE

Analizo mi vida amorosamente y comprendo que el camino a
transitar es de uno en uno, porque si nazco solo y muero solo,
gran parte del trayecto lo haré solo. Hay siempre quien te
acompaña, pero aquí cada uno tiene diagramado su viaje.
Comprendo el espacio-tiempo como una ilusión inventada por
la ciencia.
Y la muerte ni me preocupa, porque comprendí que todo esto
volverá a repetirse, quiera o no.
O en otro cuerpo, en otra vida, en otro nombre, en otro tiempo
en otro plano de existencia.
Porque la vida es un problema para quien cree que esto es lo
único que existe.
Esa es la cárcel. Esa es la trampa.
Por eso a mí, que no me arrepiento de nada
porque ya he comprendido,
solo me preocupa vivir.
De la mejor manera eso sí.
Pero vivir, al fin y al cabo.
¿Acaso puedo hacer otra cosa mientras transito?

25. DIJO QUE ESE ERA…

Dijo que ese era "el primer día del resto de su vida".
Sonreía con complicidad al ver la lava en Cumbre Vieja desplazarse lentamente por toda la isla.
Perdió sus plataneras, su casa, su lugar de trabajo, todos sus recuerdos.
Y no lloró.
El periodista sorprendido le preguntó…
—¿Qué siente usted al ver que el volcán haya arrasado toda su vida?
—Estoy feliz, porque estoy viendo a la vida desarrollarse, porque la vida es esto. Nacemos para morir y morimos para renacer. Ahora sé que puedo empezar desde cero cualquier cosa.

—¿A los 81 años que tiene usted? Preguntó el periodista

—¿Y por qué no? —dijo el anciano—. La vida no se acaba cuando te mueres ni tampoco cuando eres viejo.

26. TU VIDA QUEDA...

Tu vida queda al otro lado de tus ojos
al oeste de la tiniebla más cercana.
A salto de escombro del subsuelo.
En el polvo del ángel de la tierra,
en la oquedad no pixelada de la lluvia,
en el regate del viento en contra.
Tu vida es un gramo de Sol
que llevas puesto todos los días.

27. PREPARAD UNA CUNA DE LUZ...

Preparad una cuna de luz
en vuestras manos a la recién nacida
y curadla de todo mundo.
Ponedle un límite a su angustia
porque, al fin y al cabo
es comprensible que esta pequeña,
hallada en los dintornos de su madre
no tenga más vocación sino de llanto.

La vocación de escupirle al mundo
lo que tiene de vida.

28. VINO SIN LLAMAR…

Vino sin llamar a la vida.
Se mecía entre punzadas de frío
y la soledad de los hombres
para hacer de cada piel una pregunta.

Porque este que se debate a solas
entre un cubata y su realidad
sostiene en su cielo la noche y en la otra mano
la pérdida.

Sin más pulso que la fe de los años gastados,
cada sorbo, le sabe a milagro.
Y la vida, aunque le reste importancia,
porque desconoce cualquier otra alternativa de salvación.

Solo encuentra un modo.
Buscar distancia entre un último sorbo y morir.

29. VINE DE LA INFANCIA…

Vine de la infancia derretida por los años
a ponerme de nuevo a la fila de los hombres
que cincelan un destino a fuerza de vivirse.

A tomar conciencia del tiempo circular que me rodea,
que resbala de las manos o eso dicen,
del todavía no vivido y del desgastado
a fuerza de olvidarme.

A tomar huella del camino
que poblaron otras sombras
anteriores a la mía,
a golpe de Sol contra el asfalto.

A ponerme al pie del lenguaje y el silencio.
Ese otro lenguaje que precede a la palabra justa.
El del silencio después del silencio.

30. EL OTOÑO…

El otoño.
Ese simulacro de frío
que enseña a los árboles
a enviudar las ramas.
Calvicie del clima.
Al paisaje a llover por intermitencias.
Al viento a avisar del próximo invierno,
y a sus gentes a vivir entre el pantalón corto y el abrigo.
Otoño.
Ese símbolo de entre vidas,
que te advierte con su solo de cuerda
que el invierno en tu vida se avecina.

31. ABRÍ EL PERIÓDICO MIENTRAS…

Abrí el periódico mientras me tomaba el café. La noticia rezaba…

"la ciencia confirma que el asteroide PSYQUE es más valioso que toda la economía de la Tierra". Un sorbo.

Que… *"la revista de Ciencias Planetarias confirmó lo que ya se suponía del asteroide".* Otro sorbo.

Que, *"su nombre proviene de una diosa de la mitología grecorromana que personifica el alma".* Otro sorbo más.

Que, *"es el mayor de los asteroides tipo M".*

¿Tipo M de qué, M de Magia?

¿Y no es la magia una ciencia oculta, que por oculta no deja de ser ciencia? Otro sorbo al café.

Después cerré el periódico, terminé mi café y salí a caminar, pero…

Si se confirma lo que ya se suponía,

que la palabra PSYQUE significa alma,

que proviene de la mitología grecorromana

y que su nombre efectivamente encarna un alma,

que es celeste y por lo tanto es un cuerpo,

que orbita alrededor del Sol como un aura de luz alrededor de la cabeza,

que es un asteroide tipo M… ¿Y qué tiene Psique, cuerpo, alma, luz, hace magia y es lo más valioso de la Tierra sino yo?

¿Está la ciencia confirmando a dios? Es más…

¿Está diciendo la ciencia que yo soy dios? Aún más.

¿Está la ciencia diciendo que tú eres dios? Todavía más.

¿Está la ciencia afirmando que somos dioses? Entonces…

¿tenía razón Platón cuando dijo… "sois dioses más lo habéis olvidado"?

32. ¿EXISTE ALGO MÁS TERRIBLE?

—¿Existe algo más terrible que perder a tu mujer? —dijo un marido—.

—Sí, perder a tu hijo —dijo una madre—.

—¿Hay algo más terrible que perder el coche? —dijo un conductor—.

—Sí, que te desahucien, —respondió un desahuciado.

—¿Existe algo más terrible que se te inunde tu casa?

—Preguntó un vecino—.

—Sí, perderla por la erupción de un volcán. —Dijo un palmero—.

—¿Hay algo peor que perder todo por un volcán? —Dijo un palmero—.

—Sí, vivir una pandemia y que te estés muriendo.

—Respondió un infectado.

Por eso yo, cansado de ver a todos los que se la miden, y ver quién tiene más dura y más larga la desgracia, me voy de paseo al cementerio y relativizo mientras sonrío.

33. EL ARQUERO…

El arquero clava los ojos en el centro de la diana, hace una reverencia y agradece la ayuda.
Relaja los hombros y el resto del cuerpo.
Mira al público, a su entrenador y reverencia de nuevo en señal de agradecimiento.
Ahora en voz alta a los jueces.
Tiene el aire a su favor, se lo dicen los árboles a los que sonríe por su generosidad.
E incluso el perro de un espectador mueve la cola muy alegremente, señal inequívoca de que todo el lugar es armónico al resultado previsto.
Entonces cierra los ojos y visualiza
el centro de la diana,
el silencio absoluto,
el ruido del aire en la vibración de la flecha,
la tensión del arco,
los hombros relajados,
y la imagen del acierto en el blanco.
Abre los ojos. Besa su arco. Besa su flecha.
Ya ha empezado.
El resultado antes del resultado.

34. ARDE LA SÁBANA

Arde la sábana.
Ventilo el cuarto
y el carmín que respira la almohada
todavía no ha vuelto a por su beso
de despedida.

35. BAR

Bar.
Templo urbano de la desmemoria
donde el tiempo se olvida como un trabajo.
Donde conversar depende del nivel de cada copa
y la luz representa un estado de ánimo.
Tras el ventanal, se perfila el horizonte
de una ciudad herida de tránsito,
y donde el cielo es una curva de cemento.
Bar.
Ese lugar sin tiempo de fotograma vacío
donde se estructura la vida
entre el blanco y negro y el color de las tragaperras,
las voces en off con las voces de tu cabeza,
un Chivas de 12 años y un Jack Daniels
con la música de otro tiempo.
Donde los músculos se aflojan y las lenguas se destensan
en conversaciones banales en dirección a ningún sitio.
Y el olvido se resguarda del frío
el amor en los baños públicos
y hombres en fila entre bulevares de agua y orina,
y cocaína a deshoras.
Bar, ese lugar que todavía es un siempre desde entonces.

36. LA LUZ ATRAVIESA...

La luz atraviesa oblicua tu cabeza
y te obliga a enfrentarte a la mañana
sin pedirte explicaciones,
pero tú remoloneas un rato
como si creyeras que con eso
puedes enfrentarte a tanta luz
sin dar el paso.

Es la señal que te dice lo que se espera de ti.
Pero tu resaca te da la vuelta contra la almohada.
Gruñes.
Te quejas.
Te duele la cabeza
y decides perder dos horas más de tu vida
ignorando que al ignorar esa luz te equivocas,
pues esa luz te seguirá esperando hasta que te levantes.

37. MUERTE DIGNA, DICE

Muerte digna dice.
Como si la palabra digna fuese a cambiar algo.
Como si tu olor a mierda
por no ducharte
lo fuera a disimular un poco de colonia.
Lo digno es lo mismo.
Porque la muerte es muerte. Y punto.
Te desangras,
vomitas,
te fallan los órganos,
te meas encima,
te cagas,
hueles a podrido.
No ves, no oyes.
Se te va la cabeza.
Te consumes y te apagas.

Eso es morirse
y acelerarlo en nombre de lo que sea
no lo va a cambiar.
Disfrazarlo de digno ni te hace más héroe
ni lo hace menos horrible.
No se pide una muerte digna.
Se vive con dignidad.

38. SE ME CAE TODO EL PASADO...

Se me cae todo el pasado
y sostenerlo en recuerdo
no va a salir nada bien.
También el pan bajo el brazo
si cada persona es un olvido que se repite,
un tránsito a amortizar en la vida.
Porque tu vida es eso.
La suma de todas las personas que has conocido.
Se tarda tanto en desprenderse de eso para encontrar lo propio,
que cuando uno cree encontrarlo lo propio no existe.
Por eso persona significa máscara.
La máscara de otro cuerpo, de otro nombre y otro traje,
pero en ti.
Tienes que crearte.
Iniciarte.
El contador a cero cada vez.
Por eso es importante un legado.
Una marca, unas risas, unos cuantos poemas,
una canción, un beso que te acaricie.
Pero aún no he muerto, y queda mucho por hacer.

39. ATRAVIESO EL IMSOMNIO…

Atravieso el insomnio
como un puñal de madrugada clavado a la espalda.
Como puñal de frío trepanando los huesos
y el martillo del reloj hiriéndome el tiempo,
mientras me dice que ya queda poco para la Luz.
Porque toda esa negritud
es un clavo que apuntala la noche.
Y la tormenta un soplo de sombra
que me carcome el sueño.
A la hora de la luz
me convierto en otro zombi camino de lo esclavo.

40. TALLÁNDOTE EN LA FRAGUA...

Tallándote en la fragua,
cuya manera es lo posible
en este espejo de luz,
y en donde la seducción
son dos alas todavía.

41. AMANECERSE

Amanecerse consiste
en llenar los ojos de vida
y orientar el cuerpo hacia la luz.
Llevar en el olfato un olor a secreto.
Decirse en la voz la vida a besos
y guardar una caricia en cada mano.
Amanecerse es vestirse con el traje del lenguaje
y guardar una sonrisa en cada palabra que se dice.
Amanecerse es una decisión diaria
de quien se escribe en su tiempo
o de quien se olvida.

42. ELLA NO SOPORTABA…

Ella no soportaba mi crecimiento.
Por eso me dejó.
Desgastó sus amaneceres en tonterías,
desanduvo las huellas de lo recorrido,
se sacudió el viento de todo el camino,
se desnudó de mi nombre,
se desmaquilló de todos los recuerdos,
se estancó en el último latido
y guardó para siempre sus sueños en la mesita de noche.
Entonces…
¿Por qué le atraen personas que llegan lejos, si lo que pretende
es reducirse a los límites de su comodidad?
Hasta hoy sigo esperando la respuesta a esa pregunta.

43. AÚN NO HABLA Y…

Aun no habla y ya sabe escupirle al mundo.
No anda y ya sabe lo que es, quedarse en el camino.
No tiene juguetes porque solo maneja armas.
No tiene cara, pero se mira al espejo a diario.
No tiene voz, pero ya grita como un hombre.
No tiene padres porque ha cometido parricidio.
No pasa hambre porque ya mata por él.
Apenas tiene memoria,
pero si te ve ya nunca te olvida.
Con cinco años y un kalashnikov exhibe triunfante
el cadáver de un soldado.
Yo a menudo me pregunto
si en algún lugar de ese niño
habita algún gramo de amor.

44. NO ESCRIBO POEMAS PARA…

No escribo poemas para llegar a la gente.
No escribo canciones para llegar a más gente,
mas si esa fuera la razón,
no sería más que otro esclavo de la moda del éxito.
Porque cualquier éxito no es más que una moda pasajera
y la fama es la cumbre de la esclavitud,
pero si la hubiera, solo cabría agradecerla y poco más.
Pero no me interesa porque yo no escribo por eso.
Mi motivo es otro.
Y aunque los agradezca,
sé que no necesito los halago
pues para quienes creemos
que la vida no termina aquí
y esto no es lo único que existe,
lo único que importa es el camino.
El propio para igualarse a Dios.
Porque Dios, el Universo, el Cosmos, (llámalo como quieras)
es muchísimo más interesante
que una simple palmadita en la espalda.

45. CUALQUIER DEPORTE EXIGE…

Cualquier deporte te exige puntuar
para mejorar tu posición,
mas no por saberte las reglas del juego,
aprendiste a jugar.

Cualquier empleo
te exige puntuar para mejorar tu posición,
mas no por saber cómo se trabaja,
aprendiste a trabajar.

Cualquier pareja en tu vida
te exige puntuar para mejorar tu posición,
mas no por decir que la amas,
has demostrado que la amas.

Y lo mismo en cualquier área de tu vida,
pues no por el simple hecho de estar vivo,
te has ganado tu lugar en el Cosmos y el Universo.

"Tu lugar en el mundo" te exige Eso.
Pues como bien sabemos… "el saber no ocupa lugar"
lo que te demuestra que no por saber algo
ya has ocupado el lugar.
—Dijo ese mago—.

46. LA DE ALEJANDRÍA SIN...

La de Alejandría sin lugar a dudas.
La de Asurbanipal en Nínive.
La de Constantinopla en Estambul.
La de Madraza en Granada.
La Biblioteca de Sarajevo.
La de Bagdad por supuesto
y la de Jagger en Ciudad del Cabo.

Porque leer a un autor es escuchar desde donde piensa.
Porque leer a un autor es encontrar lo revolucionario en su idea
del mundo,
pero por encima de todo un autor es,
el ejemplo de ESO que puedes llevarte a tu vida
al tiempo actual y aplicarlo.
Eso es lo atemporal.

Por eso amo leer,
porque vivir la vida me enseñó a leer
y porque leer la vida me enseñó a vivir.

47. HERIDO Y DESANGRADO…

Herido y desangrado este hormigón,
secuela de una guerra anterior
llora este edificio de impotencia
porque no entiende que alguien
mate por sus ideas.

Yo —me dice—
que estaba aquí desde antes que ellos vinieran,
me han herido a mí con sus armas y su sangre.
A mí, que no tengo la culpa de pensar lo que piensan
acerca de la vida,
cuando la vida
es claro que ya existía
antes de que ellos nacieran.
Sin embargo, siempre sufrimos los mismos.
Daños colaterales creo que lo llaman.

Ni tan siquiera nos agradecen
el cobijo que les dimos
y vivimos salpicados de su sangre
sin que nadie se apiade de nosotros
con una buena mano de pintura.

Las guerras tienen ese problema
que siempre morimos los inocentes.

48. TENGO TODA LA LUZ...

Tengo toda la luz en la lengua
y el Universo guardado en la boca
para empezar a nombrar la Creación.

O muy por el contrario…

Toda la oscuridad en la lengua,
un agujero negro en la boca
para empezar a nombrar la Destrucción.

Porque una palabra tuya bastará para sanarme.
Porque una palabra mía bastará para sanarte.
La gran diferencia entre ben-decir y mal-decir
La única diferencia entre lo bendito y lo maldito.

49. DESCRIBÍA CON PRECISIÓN…

Describía con precisión
todo aquello que le ofendía.
Insultaba de un modo
de lo más creativo
cuando estaba en desacuerdo.
Ofendía de la manera más punzante
cuando se trataba de herir.
Sabía nombrar
hasta las últimas esquinas del dolor.
Hablaba de sus problemas
con precisión de cirujano.

Murió de cáncer a los 19 años.

Lo que una generación calla,
la otra la lleva en el cuerpo —según dicen—
pero también quien aprende a nombrar la herida
se convierte en herida,
y quien aprende a nombrar sus excusas
se convierte en excusa, pero…

¿Y quién no quiere excusas en su vida? —dijo aquel mago—.

50. TODO DECIR...

Todo decir,
cualquier decir
es el único método de liberación.
Porque una palabra de aliento
es lo que hace posible
la liberación de cualquier cárcel
pues en todo aliento
late, respira y se da forma
toda la vida del que habla.

51. HABLANDO CON MI VIDA…

Hablando con mi vida, me dijo…
—¿Te has fijado que en tu país han aprobado la eutanasia,
quieren legalizar las drogas
y sin embargo…
les preocupan los suicidios y los casos de salud mental?
—Claro vida mía. Claro que me he fijado.
Es como proclamar en un psiquiátrico
el derecho a no medicarse,
legalizar las armas
y luego quejarte porque ha habido un tiroteo.

52. LA PATRIA ES UNA CREENCIA...

La patria es una creencia del poder
para negarse a evolucionar.
La igualdad es una ley del poder
para impedirte evolucionar.
La democracia es la justificación del poder
para fingirse evolucionar.
La política es la decisión del poder
para seguir manteniendo el poder.
La estructura del poder
es lo que hay que cuestionar,
no la política.

53. EL SER HUMANO…

"El ser humano nace, crece, se reproduce y muere"—dijo el profesor.
—No estoy de acuerdo profe. —Respondió Adrián.
No existe libro si primero no se escribe.
No existe empresa si no hay alguien detrás que la haga crecer.
No hay árbol sin semilla que crezca primero.
No hay casa sin construcción previa.
No hay disco sin canciones que lo formen.
No hay nacimiento sin embarazo previo.
Se ponga usted cómo se ponga
no se puede nacer si primero no se crece
Y después… tras un largo silencio
el profesor se marchó de clase meditativo.

54. EN AQUEL INCENDIO…

En aquel incendio declarado
todo el mundo
eligió escapar por la ventana.
Murieron todos.
En aquella discusión acalorada
los dos amigos se fueron
para no herir sus sentimientos.
Jamás se volverían a ver.
En esa relación de pareja
que termina
los dos decidieron separarse
y buscarse otra pareja.
Mas nunca se reencontraron.
Pero a día de hoy,
todos siguen creyendo
que cualquier puerta
sirve tanto de entrada como de salida.

55. ESTAS HORAS MUERTAS…

Estas horas muertas
que creen construir
una soledad o un abandono,
y que se ciñen,
a lo que uno cree
que es la pena o la soledad
o de cómo varía todo
según se lo nombre…
es la base que rige a todo.
El único vacío que subyace a la Creación.
El Principio y núcleo de todo el Universo.

56. UNA ENFERMERA…

Una enfermera me empuja en silla de ruedas.
Aquel pasillo o el corredor de la muerte
y la colección de terminales que se agolpan
ante mis ojos.
Llegamos a destino.
La habitación 666. *(Primera señal).*
Su compañera se ensimisma.
Mira al suelo con indiferencia mientras camina hacia…
Entra en la habitación
y levanta las persianas para que entre luz a raudales.
Abre las ventanas y ventila,
Aquel olor a ancianidad, soledad y putrefacción
(segunda señal) de la noche anterior.
Cambia las sábanas manchadas
y el servicio de limpieza los vómitos del suelo.
Pone unas sábanas limpias,
coge el vaso con pajita
de la mesita de noche, *(tercera señal)*
y se retira del cuarto fijando con violencia
sus ojos en los míos.
Su compañera me empuja la silla *(cuarta señal)*
y me dice…
—Vamos te toca, ya puedes entrar.
Y entonces lo comprendí.
Hipócrates había muerto y yo era el siguiente.

57. EL SER HUMANO ES…

El ser Humano es una basura
que a menudo olvida
que toda la basura
está obligada a reciclarse obligatoriamente.

58. LES ENCERRÁIS TRES MESES...

Les encerráis tres meses sin salir de casa.
Les impedís ver a sus abuelitos durante meses.
Les separáis de sus amiguitos del cole.
Les obligáis a lavarse las manos
a no tocarse,
a no besar,
a no abrazarse,
a mantener las distancias,
a llevar mascarilla.
Algunos hasta perdieron un padre, una madre o ambos.
Y nunca protestaron por nada.
Cumplieron escrupulosamente las reglas sin rechistar.
Cumplieron dándonos ejemplo de comportamiento a todos.

Ahora ellos ven que vienen por ahí esos tres.
Desde Oriente, de donde China y el pangolín.
Los tres juntos sin apenas distancia de seguridad
sin confirmarles si se han puesto las tres dosis de la vacuna,
sin cumplir los protocolos.
Y vosotros adultos ingenuos pretendéis salir ilesos de todo eso
sin que nada os salpique.
No. Un niño no.
Un niño nunca olvida y tarde temprano lo lamentaréis.

59. DE NADA TE SIRVE…

De nada te sirve
que se te encienda la bombilla
si antes no descubres
qué genera la Luz de tu bombilla.

De nada te sirve
que se te encienda la bombilla
si antes no encuentras
el interruptor
con el que enciendes tu Luz.

De nada te sirve
que se encienda tu bombilla
si antes no aprendiste
a direccionar la Luz
hacia lo que quieres en tu vida.

Y así el ser Humano,
colecciona una suma de errores,
por ignorar constantemente
que las ideas no nacen de las ideas
y que la Luz se genera en la consciencia.

60. ELLA SE ENAMORÓ DE ÉL...

Ella se enamoró de él
creyendo que con el tiempo cambiaría.
Más el nunca cambió.
Él se enamoró de ella
creyendo que con el tiempo ella nunca cambiaría.
Pero ella cambió.

61. SI TE SALTAS LAS LEYES…

Si te saltas las leyes que rigen la ética la gente te ignora y te
dará la espalda.
Si te saltas las leyes de tráfico te cae una multa y la cárcel.
Si te saltas las leyes de un país te multan y/o te deportan.
Si te saltas las leyes sanitarias te multan y te aíslan de los
demás.
Sin respeto a las normas de un centro te expulsan del centro.
Sin respeto a las normas deportivas te expulsan del partido.
Si te saltas las reglas de una empresa te despiden de la
empresa.
Sin las leyes que rigen la arquitectura el edificio se cae.
Sin aplicar las leyes de la mecánica te quedas sin vehículo y
sin transporte.
La vida mide y juzga constantemente tu ética
e interroga tus valores en todas sus áreas indefectiblemente.
Esa es la Ley Universal.
¿Y tú quieres que te apliquen la eutanasia?
¿Qué te hace pensar que, por saltarte las leyes de la Física,
la ley de la Gravedad,
las leyes de la Naturaleza
o las leyes que rigen a todo el Universo…
ese acto te eximirá luego de rendir cuentas a la Vida
y cumplir la Ley del Universo en un Juicio Final?

62. TREINTA Y OCHO AÑOS...

Treinta y ocho años de cárcel
y cien mil euros después
aquel hombre terminó por ser declarado inocente,
debido a un error administrativo traspapelado de la Justicia.
Según parece era el hombre equivocado, pero...
las vejaciones, los insultos,
las agresiones, los navajazos,
los insomnios, los miedos,
las enfermedades.
Treinta y ocho años, son muchos años.

Pero no. Nadie.
Ni siquiera en la cárcel,
te perdonan que seas sentenciado por pederastia.
Aunque sea un equívoco.
Y ese es el hombre al que hay que reinsertar en la sociedad
pero...
¿Qué rastro queda de la persona que fue?
¿Qué secuelas deja en alguien el hecho de que su sociedad le
dé la espalda aun siendo el hombre equivocado?
¿Se recupera alguien de eso?

63. Y TÚ ME DIJISTE…

Y tú me dijiste…
"Ten cuidado porque soy positiva en coronavirus".
Y ahí lo comprendí todo…
Ese era el síntoma inequívoco.
La gran advertencia.
La señal de lo que se avecinaba más adelante.
Esta sociedad se había tarado para siempre y no había vuelta atrás.
Había pasado de DAR resultado en una prueba a SER, a encarnar la enfermedad de SER positiva.
Pero iba más allá.
Cada persona se atrevía a decirle al de al lado que tuviera cuidado con ella, por si se contagiaba.
No solo encarnaba la enfermedad, sino que se atrevía a dar asco, alertando a los demás de nuestra propia locura como si fuera una apestada.
Y solamente era por un simple virus.
¿Qué decir entonces de la eutanasia?
¿Qué decir entonces de la prostitución?
¿Qué decir del aborto?
¿Qué decir de las drogas?

64. AMO LA LECTURA

Amo la lectura.
Leer es un acto de meditación
porque te obliga a escuchar al otro,
a no interrumpirle,
a estar en silencio
y a respetar cuanto te dice.
Pero cuando cierras el libro y cambias de actividad
todo eso que te ha sugerido,
todo cuanto te ha susurrado
durante días o durante meses,
se instala en tu propia realidad.
Un libro es el mejor amigo que se puede tener,
porque cambia tu manera de estar en el mundo.
Para mí la lectura es un acto de Iluminación.

65. EL SER HUMANO ES UNA PILA…

El Ser Humano es una pila recargable que necesita conectar el polo positivo con el negativo.
Su vida es unir opuestos constantemente.
Hombre y mujer (del que tú eres consecuencia),
el blanco y el negro,
el cielo y el infierno,
la luz y la oscuridad,
lo húmedo y lo seco.
Pero esa pila tiene una duración media de setenta u ochenta años aproximadamente.
Y si esa pila la desechas antes de que te corresponda,
es decir, por el motivo que sea en nombre de lo que sea,
esa pila necesitará volver a recargarse.
Te tendrás que volver a reencarnar,
lo que te demuestra que reencarnarte es un gran error,
porque significa que tendrás que volver a repetir lo mismo,
pero amplificado hasta que lo resuelvas.
No aprobar el examen en junio te exige cargar con todo hasta septiembre, y si no… repites el curso.
Te guste o no. Quieras o no. Cada lección depende de ti.

66. ¿QUÉ TE HACE PENSAR?

¿Qué te hace pensar que el examen final del libro de tu vida…
qué te lleva a pensar que tu examen final de entre vidas será
distinto de lo que estás haciendo ahora mismo?
¿Crees que no hay aduana que te cobre el final del peaje?
La muerte te espera leyendo con el libro que hayas escrito.
El alma se pesa para medir el peso de tu vida.

67. PESA EL ROCÍO

Pesa el rocío en las plantas.
Las plantas lloran de lluvia
mientras este puñal de frío que todo lo vuelve inerte
se instala en la niebla de la vida,
a la par que el arco iris divide a la Naturaleza.
Yin y Yang.
Las nubes que antes abrazaban la bóveda del mundo,
ahora le abren paso al astro solar.
Y las plantas tiemblan de alegría
porque en sus tallos entran nervios de lu
cuando el Sol las besa.
Y toda la Naturaleza se armoniza frente a él.
La madre Naturaleza se cuadra ante el Padre Solar.
La vibración individual cambiando la vibración Universal.
La vibración Universal cambiando en lo sutil la vibración
individual.
Reciprocidad absoluta. Reciprocidad total.
—Ya es la hora de la quimio (dice la enfermera al entrar en la
habitación).
Pero ahora él, ya sabía lo que tenía que hacer para cambiar
"su" Naturaleza.

68. LOS QUE TENEMOS SUERTE…

Los que tenemos suerte, y una flor en el culo
tenemos muy claro que la flor hay que plantarla
que la flor hay que regarla
y que la flor hay que cuidarla y amarla.
Eso es Ley.
Y todo lo que se planta, se riega, se cuida y se ama
termina por florecer tarde o temprano al…
hablarle a la semilla.

69. ME PROTEJO DE TODAS LAS MALAS...

Me protejo de todas las malas
y de cada mala palabra que atraviesan las
generaciones de mi familia cuando hablan,
generando síntoma y enfermedad.
Y me cuido generando palabras creadoras de realidad.
Bendigo cada palabra mía.
Bendigo cada acto mío.
Me cuido para brillar, porque todo empieza en la palabra
ese símbolo oculto
que rige cada uno de los actos de la vida.

70. CADA PERSONA QUE VEO…

Cada persona que veo es una herida flotando,
un síntoma andante con problema en movimiento
y puñal de viento por lengua,
maldiciendo la vida en voz baja
mientras arrastran sus lluvias y todos sus barros,
sus lodos,
sus relámpagos y nublados,
sus rayos y centellas.
Que murmuran y juran en arameo
porque no creen en sí mismos,
y ponen su vida a depender de otro.
Y en parte no les falta razón.
Han puesto su vida en manos de otro.

Y es muy duro para mí ir por la vida
con la cabeza despejada,
ver que, en mí, casi siempre brilla el Sol,
y no poder compartir ese brillo con nadie,
solamente porque el otro
no está preparado para recibirlo.

71. ME ABROCHO LA VOZ…

Me abrocho la voz a la garganta.
Una voz grave, bonita y sensual.
Me peino y me estiro las líneas de las manos,
y le hago raya en el medio.

Me cambio la mirada de los lunes,
por una de asombro para un nuevo día.
Me ato un par de huellas a los pies
con el molde de mis zapatos,
unos zapatos con recorrido.

Me pongo unos labios bonitos
y le regalo un beso mentolado
a la mañana.
He dejado cargando de amor
el lenguaje por la noche
y ya está listo para bendecir
todo lo que me suceda.

Y también he puesto en hora
el corazón
para latir a ritmo con la vida.

Listo. Salgamos a vivir.
¡Buenos días vida mía!

72. ESPERO QUE SE TE PASE…

Espero a que se te pase esa tos,
la duración de tu sombra y
me ciño a verte amanecer
en el levantamiento tridimensional
de tu espíritu.
Te queda bien esa diadema de arco iris,
y ese anillo lunar en tus dedos lácteos
que simboliza a la luz.

Me gusta verte por la mañana
sutilizando la meteorología
a tu favor, demostrando una vez más
de entre tantas que ha habido,
que el tiempo te pertenece
y que nadie mejor que tú sabe
lo que tienes que hacer para que el día funcione.

Es bonito tener a alguien como tú
que me lo demuestra cada vez.
Y me alegro de que seas a mi lado.

73. YA, SIN ANAQUEL…

Ya, sin anaquel en la cantina
persevera a tragos un Oporto,
en esa encrucijada sibarita
donde se reúnen tantas sombras sin nombre.

Y las huellas de vampiros
que el neón traslada
a la pista de baile.

Y las miradas de lujuria que se traducen
después de dos sorbos, o tres, o cuatro.
Porque la noche pide motivos perniciosos para sí,
más las obligaciones inherentes al desequilibrio.

Pero esa no es mi batalla
y decido irme a dormir,
porque el futuro que deseo
reside en los sueños que habito.

74. LA VIDA ES ESE

La vida es ese juego de espejos
donde el humano se identifica
a la imagen que ve,
a una imagen que no existe,
a una imagen que no es suya.

Una proyección de otros.
Una película.

Ahí Lacan tenía razón…
"la realidad tiene estructura de ficción"
porque somos el relato de otro en nuestra piel,
la suma de todos los que nos crearon
a su imagen y semejanza.
Mas entonces… si no soy nada ni nadie…
¿Quién soy?

Todo y nada.
Concluyente nunca.
Iniciado siempre.

75. ¡CUÁNTO SECRETO OCULTA LA SANGRE!

¡Cuánto secreto oculta la sangre!
¡Cuánto pacto sanguíneo escondido!
¡Cuánto rencor plantado en las raíces!
Cada pacto de sangre es un pacto mafioso
que calla, acepta o perdona la barbarie
cometida por el clan familiar.
Un abuso, violación o asesinato
o el secreto transgeneracional
que atraviesa en silencio a los miembros de la familia,
igual que un tren de prisioneros atraviesa una ciudad
desolada por la guerra.
Y nadie se atreve a nombrarlo
hasta que lo secreto en primera generación,
se erige en enfermedad en la segunda
e innombrable en la tercera.
Esa es la verdadera mafia.
Ese es el verdadero daño.

76. POR PENSAR QUE LAS COSAS...

Por pensar que las cosas
deberían ser de otra manera,
es por lo que no aceptamos
las cosas tal y como son.
Entonces partiendo de eso,
de no atender a esa minucia ignorada
y ese síntoma estúpido que decidimos obviar
es irrefutable que todo lo demás saldrá mal.
Desde la expulsión del Paraíso
hasta el desastre de una guerra.

No. La vida se lee en acto o se lee mal.
O la vida se lee mientras ocurre o no se lee.
Por eso la Humanidad se hunde.
Porque se imagina lo que no es
sobre cosas que ya han pasado
y no pueden cambiar.
De ahí el declive a la histeria desatada.

77. LA VIDA ES ESO

La vida es eso
que se te ofrece a los ojos.
Eso que tienes delante.
Eso que te está pasando ahora mismo.
Y yo me pregunto…
¿Por qué si la vida es tan común a todos
es, sin embargo,
tan distinta para cada uno?

78. TODO EL TIEMPO ES DURACIÓN

Todo el tiempo es duración.
Mas… ¿cuánto dura el tiempo?
¿De qué material está hecho el tiempo?
¿Qué recorrido se inscribe entre
el primer grito, una huella y su ceniza?
¿Quién lo mide y para qué?, ¿Es un durar sincrónico?
¿Para qué se necesita una duración?
¿Cuánto pesa la ceniza que eres en el otro lado?
¿Es durar una elección?
¿Quién eres entre el primer pelo, una cana y la calvicie?
¿Qué se inscribe en la duración que se te ofrece
a modo de regalo?
¿Es algo real? ¿Tiene otros nombres el Tiempo?
¿Por qué para unos dura tanto y para otros tan poco
el mismo tramo de tiempo?
¿Cuánto tiempo tiene el tiempo?, ¿es finito?
¿Es el tiempo consciente de sí mismo
o se rearma de nuevo a sí mismo en otro tiempo?

Tantas preguntas por responder y tan poco tiempo de contestar.
—pensé para mí mismo.
Y una anciana en la calle se dirige a mí inocentemente…
—Abríguese señor que hoy dice la Tv que hará muy mal
tiempo.

Nada más por añadir.

79. RECUERDO MUY BIEN…

Recuerdo muy bien el olor a fresa de aquella mujer.
O a flor recién plantada.
A lluvia y a arco iris.
Ni puedo olvidar el sabor de sus labios a cacao y a carmín.
Ni de la sutileza con la que me abrazaba
y me tocaba la vida.
En sus brazos nacía un rayo que electrificaba mi cuerpo.
Sus caricias eran preguntas sin respuestas
talladas a fuego en la piel del tiempo.
Caricias que interrogaban toda tu existencia.
Los dientes cuando el miedo castañeteaban
como un baile de fantasmas sin pasado
y me temblaban las piernas de amor,
como un signo de viento,
oliendo a rumor de nervio inolvidable.
Donde uno deseaba sin dilación ninguna
perderse en el mapa de su cuerpo, para encontrarse con la vida.
Nunca me dijo su nombre. Nunca lo quise saber.
Mas la casualidad tuvo a bien ponerme ante mis ojos
en primera página del periódico la razón de quién era ella.
O mejor dicho… de quién no era.
Una de los miles de personas o bebes robados
por la dictadura chilena,
que nacieron apátridas, sin nombre,
desnortadas y sin identidad propia.
Esas que una dictadura decidió sin consideración
no darle un nombre ni un lugar.
Ella era una "sin rumbo" que no existía para el mundo.
Por eso hicimos el amor aquella noche.
Por eso entendí por qué me abrazaba así.
Por eso entendí por qué me besaba y me acariciaba así.

Me estaba dando una oportunidad.
A mí, al primer desconocido que la valoró en su vida.
Me estaba ofreciendo la significación
de darle un lugar en mi vida.
Quería existir para alguien
aunque solo fuese brevemente en la chispa de un recuerdo.
Es tan ofensivo no ser nadie
como para permitirse que a eso se le acomode el olvido.
No. Yo nunca podré olvidarla.
Perdón… yo nunca quiero olvidarla.

Por eso al menos, ella existirá mientras yo viva.

80. FABRICANDO SIGILOS…

Fabricando sigilos
para no herir al signo de los tiempos,
he guardado dos huellas comprimidas y desgastadas,
de algún viajero anterior.
Historias de caminantes
que se leen en el trazo de una pisada,
donde se atraviesa la vida sin precaución.
Porque ahí radica el secreto
que guarda cualquier viaje.

La memoria en el zapato de cuanto hizo al caminante.

Porque nunca importa un camino y sus obstáculos
si no hay quien detrás lo recorra para significarlo
y darle un sentido.

81. ¿Y TÚ PARA CUÁNDO?

¿Y tú para cuándo?
Me preguntó la madre de mi amigo
en el bautizo de su nieto.

¿Y tú para cuándo?
Le respondí yo, dos años después
en el funeral de su marido.

82. SANGRE, GRITOS…

Sangre, gritos, sufrimiento, dolor,
desnudez, frío, nervios.

Y aquello que te ata te lo cortan.
El milagro de la vida lo llaman.

Sangre, gritos, sufrimiento, dolor,
desnudez, frío, nervios.

Y aquello a lo que estás atado
de repente se corta.
Morir, lo llaman.

Entonces ir y venir es solo un ciclo más.
Y todo cuanto implica un ciclo, hace un camino.
Por lo tanto, el camino, sigue una lógica
Y entender esa lógica es entender la vida y la muerte.
Y si entiendes eso… ¿entonces por qué te angustias?

83. NOMBRE

Nombre.
Cifra, signo y símbolo en cada uno.
Cifra, signo y símbolo de cada uno.
Identidad codificada en la boca,
lengua articulada en el aliento,
porque toda palabra, ordena. Y forma.
Significar a toda la familia que te atraviesa,
codificada en tu nombre.
Del trazo de lo secreto al hilo de lo innombrable
en negrita o en cursiva.
Lo dicho en lo no dicho traducido a síntoma,
en el cuerpo.
Porque nombrar
es vestir de un significado a lo simbólico,
que es repetición de lo oculto
en sí mismo.
Nombre, ese código que oculta en su palabra
todo su pasado y su futuro,
y que define al que lo carga.
Nombre, ese ADN grabado en la frente
que todos ven, menos ese que lo porta.

84. INMACULADO TODAVÍA…

Inmaculado todavía,
este folio me pide motivos para la vida.
Extendido sobre mi escritorio
me mira con asombro y con asedio.
Imperturbable. Mira a ese que le letra.
Dialoga conmigo en silencio. Me corrige.
Me interroga haciendo preguntas incómodas,
para que me sea difícil la escritura.
—Pensar no te va a ser tan fácil —me dice.
Me aprieta las tuercas.
Me somete a su lenguaje exquisito.
Me obliga a vestirle con determinado tono al texto.
Sabe muy bien que mi lenguaje y el suyo
no se van con cualquiera, así que me presiona y me obliga.
Personaje y duda han de ser armónicos como la música.
Se lee bajo una clave donde todos participan.
Y coherentes por supuesto.
Me tacha ideas y me obliga a repensarlas.
A reescribir el folio. A volverlo a tirar.
A reescribir de nuevo. Por sexta vez.
Cada letra, palabra o frase ha sido sometida a la valía del texto
en su conjunto.
Ha de ser por sí solo, sin escritor. He ahí el valor de la obra.
El lenguaje antes de la escritura.

85. POR LAS NUBES NEGRAS...

Por las nubes negras del cielo
se advierte lo que vendrá después.
Pero a ti te pilla sin paraguas.
Por cómo camina tu bebe
se advierte si se tropezará o no.
Pero a ti te pilla distraído hablando con otros padres.
Por lo que hacen los personajes de la novela
se anticipa claramente el inminente final.
Pero tú te distraes de la lectura
y te termina sorprendiendo ese final.
Por el atasco de la carretera y la ansiedad que se emana
se advierte claramente el motivo del atasco.
Pero a ti te pilla en medio sin saber que hacer.

Ese es tu día a día y sin embargo te demuestras
una y otra vez que no por saber
que sabes lo que hay que hacer
para prevenirlo...

lo previenes.

86. SIEMPRE ME SONRÍE…

A mí la vida siempre me sonríe.
Me habla de lo que funciona.
Me ofrece la mejor respuesta a cada situación,
me pone en el camino a la mejor persona.
El mejor empleo,
los mejores músicos para mi proyecto musical,
el editor que mejor se adapta a lo que escribo.

Los mejores profesionales
con los que llevar a cabo mi película.

Me ofrece siempre al mago exacto
que me enseñará a aplicar la magia en mi vida.

La vida siempre me pone
a la persona exacta que necesito,
la que me ofrece la clave
para empezar aquello que deseo.

Pero mi pregunta es. ¿Por qué a ti no?
Pero mi pregunta es. ¿Seguro que a ti no?
Mas mi pregunta es… ¿Atino?

87. DESDE QUE ENTENDÍ...

Desde que entendí... que el Amor es un niño caprichoso en pañales
que te atraviesa el corazón con una flecha.
Desde que entendí... que el Amor es una cárcel desde el momento
en que te exige formar pa-REJA.
Desde que entendí... que el Amor es la clave de la familia,
que a su vez viene de "famulus" y significa esclavo.
Desde que entendí... que el Amor te regala una "esposa"
para todo el resto de tu vida.
Desde que entendí... que el Amor es la aplicación necesaria
para contraer matrimonio,
como el que contrae una venérea.
Desde que entendí... que el Amor lo simboliza un anillo,
"anudado" a tu dedo. "Anular" lo llaman.
Fue entonces cuando comprendí que el Amor es un invento que se aplica
para esclavizarte a otro, y que eso dura hasta que uno se canse.
Porque si el Amor complementa al otro
Y el otro se complementa contigo, a los dos les falta algo.
Por lo tanto, es urgente resolver tu falta
¿Para qué enamorarte entonces?
¿Para qué insistir en algo
que, a lo largo de la Historia,
nunca ha funcionado?

88. MUCHO TELÉFONO INTELIGENTE…

Mucho teléfono inteligente,
mucho adelanto tecnológico,
mucho progreso científico
y ninguno de esos estúpidos que dirigen el mundo,
resolvieron las guerras, ni las pandemias, ni los volcanes.
Ni los incendios, inundaciones ni los miles de muertes.
Porque solo un estúpido fue capaz de convencerte de hacer una
guerra en nombre de la Paz.
Porque solo un estúpido fue capaz de convencerte, eutanasia
mediante, de que matar en nombre del sufrimiento era
necesario.
Porque solo ese estúpido, Independencia mediante, te
convenció de que separarse, en nombre de la libertad era
necesario.
Porque solo un estúpido, aborto mediante, te convenció de que
era necesario matar en nombre de la vida.
Porque ese mismo estúpido te convenció, transgénero
mediante, que mutilarte el cuerpo, en nombre de la identidad
era necesario.
Y ese mismo estúpido te convenció, okupas mediante, que
robar tu casa en nombre de la vivienda digna era necesario.
Que matar, que abortar, que separar, que mutilar y que robar
era Ley en nombre de lo que fuera. Daba igual el nombre.
Pero si un estúpido gobierna, y sigue ahí después de todo,
entonces le perteneces.
Entonces la sociedad es cómplice de la barbarie.
Por lo tanto, la sociedad está bien representada
y por tanto la sociedad tiene lo que se merece.

89. MUCHOS TE CONTARÁN...

Muchos te contarán sus problemas,
mas cuando tú le ofrezcas solución
te tratarán de listillo.
Muchos te acabarán justificando sus dramas
mas cuando su drama lo conviertas en comedia,
te tratarán de "gracioso".
Muchos terminarán por preguntarte sus dudas
mas cuando tú los interrogues con más preguntas
te tratarán de sabiondo.
Muchos te escupirán sus mierdas,
mas cuando les cambies de tema
te tratarán de borde.
A muchos verás llorar de impotencia
mas cuando sonrías al descubrir la solución,
te llamarán imbécil.
Todos te hablarán de sus miedos y sombras
mas cuando tú les respondas con Luz,
te crucificarán.
Recuerda que, entre el Divino y el ladrón,
esto es, entre Jesucristo y Barrabás,
la Humanidad liberó al ladrón.

90. EL REDUCTO…

El reducto de cuanto significas
está impregnado en todos tus actos.
Tu huella y tu olor atraviesan los tiempos,
hagas lo que hagas.
Y porque la ceniza es eso que queda de ti,
después de ti.
Por eso si no te importas mientras transcurres,
si no te cuidas de hacer lo que hay que hacer
mientras se hace, tampoco importará lo que haces
ni por qué.
Lo que haces es trascendente
en la medida en que lo trasciendes,
porque trascenderlo
implica significarlo. Habitarlo.
Por eso el saber no ocupa lugar,
porque el lugar se gana.

91. UNA IMAGEN VALE...

"Una imagen vale más que mil palabras"
repetimos una y mil veces sin entender
lo que repetimos esas mil veces.
Que por ahorrarnos la significación de un acto
a través de la fundación de la palabra,
que por no acariciar y detenernos en cada palabra dicha
en toda su extensión
reducimos Eso a una imagen, a un imaginario.
Al imaginario que cada uno cree.
A la parte que cada uno imagina.
Y como toda imagen es carente de palabra,
cada cual lo termina reduciendo al tamaño de su creencia.

92. ATRAVIESO EL IMSOMNIO…

Atravieso el insomnio
como un puñal de madrugada clavado a la espalda.

Como puñal de frío trepanando los huesos
y el martillo del reloj hiriéndome el tiempo,
mientras me dice que ya queda poco para la Luz.

Porque toda esa negritud
es un clavo que apuntala la noche
y la tormenta un soplo de sombra
que me carcome el sueño.

A la hora de la luz
me convierto en otro zombi camino de lo esclavo.

93. POR EL TAMAÑO DE LA SOMBRA...

Por el tamaño de la sombra
se advierte la Verdad en una persona,
por eso toda Luz,
a tu vida le interroga
para saber de qué lado quieres estar.
Porque la intensidad del brillo
le demuestra al otro hasta qué punto
se apaga y se oscurece.
Es decir, hasta qué punto avanza y crece.

94. ERES EL RESULTADO QUE QUEDA…

Eres el resultado que queda de restarle a lo trascendido
aquello de lo que te despojas.
Por eso veintiún gramos te muestran que al otro lado
te quieren liviano y ligero de equipaje,
y la razón por la que tienes toda una vida
para ponerte a prueba.

Porque dependes de hacer eso.
Y el suicidio es un mal método y una muy mala salida,
porque el camino es de uno en uno o no es.
Y la lección a aprender es desprenderte de personas y cosas
a medida que creces.
Por eso la vida te las va quitando de a poco, y por eso la vida
te cambia según vas creciendo.
Porque el peso del alma se mide en tu ética,
en la película de tu vida se miden tus actos,
y en el Libro de la Vida que sostiene La Muerte
en todos los cuadros, te enseña… qué ética aplicaste en tus
actos.

Por eso es mal método atarse a algo.
Por eso es mal método atarse a alguien.
Y ese es el Libro de tu Vida.
Eso es lo que eres, aquí y allí.
Seas quien seas.

95. AQUEL HOMBRECILLO...

Aquel hombrecillo nos lo dijo con claridad.
"Toda repetición siempre es un error".

Y ahí se me ordenó todo el Universo al verlo tan claro.

Por eso las segundas partes nunca fueron buenas,
y "repetir curso" siempre te dejó atrás.
El segundo hijo, repetición del primero
casi siempre es el ignorado.
Por eso los segundones están denostados
y lo precocinado está rancio y es repetición de lo cocinado.

Por eso lo secundario no importa tanto,
porque es repetición de lo primario.
Lo mismo que los días se repiten una y otra vez.
Porque lo que se repite se desgasta, muere y renace.
Lo que se repite es el fracaso por no resolver lo anterior.

Entonces toda Reencarnación te muestra a las claras
que es la repetición de lo no resuelto en la vida anterior.
Por eso la Vida siempre es igual.

96. LLEVAS POR OLVIDO...

Llevas por olvido una tiniebla
que te oscurece la mente.
Una ficción que se finge traumática
para no dejarte avanzar.
Y necesitas desgastar el trauma nombrándolo
porque todo nombrar desvela,
y lo traumático solo es traumático
si nadie lo pone en palabras,
esa placa de Petri
en donde se disecciona lo micro cósmico
para comprender lo macro cósmico,
hasta que sale a la luz lo innombrable.

Por ello, toda palabra es representación y símbolo.
Significado, porque significar es ESO.
Fijar el signo.

97. QUIENES NECESITAN...

—Quienes necesitan volver a sus recuerdos —dijiste—
suelen ser aquellos que tienen una vida
de lo más insignificante,
pues los que creemos que la vida es un continuo
más allá de la muerte,
no necesitamos recordar nada de lo que hicimos
sino más allá de eso que no nos permitía crecer
porque no lo resolvimos,
pues el resto de cuanto hicimos ya lo superamos
y no es necesario volver a repetirnos.

98. LLEVAS A TU SOMBRA ATADA…

Llevas tu sombra atada a los pies
como parte más oscura de tu pasado,
que te persigue porque aún no lo has resuelto.
Y cuando cambias la posición y dirección de tu vida
esa sombra se te pone delante,
como el pasado se te repite en el futuro
y siempre te arma la misma situación.

Por eso el tiempo no existe.

Da igual pasado, presente y futuro en cualquier vida.
Todo es un continuo en estas y otras vidas.
Y tú viniste a resolver el único problema que tienes.

Dejar de dar sombra en cualquier área.

99. EL SILENCIO DE LA PALABRA…

El silencio de la palabra
se erige en síntoma que cruza el cuerpo
a través de la familia.
De una generación herida en la no dicha.
No hay nombrar si hay herida.
Por eso el amor a la palabra,
el respeto a la palabra,
el cuidado en la palabra que se dice
acentúa y hace huella
y hace camino el nombrar. Todo nombrar.

Y desanda la tristeza.
Y desteje el llanto
deshilando en su trayecto
toda lágrima y dolor.

Vaciar su significado hasta las últimas consecuencias.
Vaciarse a uno mismo para empezarse de cero
por el otro camino.
Despegarte de la máscara que el otro te regala.
Esa es la Verdad. Esa es tu Verdad.

100. Y LLEGADO EL MOMENTO…

Y llegado el momento que elegí para desprenderme,
la muerte me dijo a mis cien años.

—Tú sabes que, esta vida es un ajedrez,
y hayas sido peón o rey, al final acabas en la caja, pero…
me gustan esas once páginas que escribiste
en el Libro de tu Vida.
Ha sido una lectura "ejemplar",
te mereces un ascenso.

Y me fundí para siempre
con la Luz Eterna en otra dimensión.

ÍNDICE